LA DIRECTORA DE LA ESCUELA

Cindy Klingel and Robert B. Noyed

Traducido por Aída E. Marcuse

The Rourke Press, Inc.
Vero Beach, Florida 32964

FOTOGRAFÍAS
© Flanagan Publishing Services/Romie Flanagan

Deseamos expresar nuestro agradecimiento a los estudiantes
y el personal de Channing Memorial School por su invalorable
ayuda en la producción de este libro.

Catalogado en la Biblioteca del Congreso bajo:

Klingel, Cynthia Fitterer.
  La directora de la escuela / by Cindy Klingel and Robert B. Noyed.
  Traducción de School Principals / School Helpers / Aída Marcuse
    p. cm. — (Los ayudantes de mi escuela)
  Incluye un índice.
  Resumen: Describe el día de trabajo de la directora de la escuela y
su relación con los estudiantes, padres, maestros y demás ayudantes
escolares.
  ISBN 1-57103-370-X
    1.La directora de la escuela-Literatura juvenil. 2.Dirección
y organización escolar-Literatura Juvenil. (1.Directores de
escuela.2.Ocupaciones.)1.Noyed, Robert B.II.Título.

LB283 1.9 .K45 2001
371.2'012 — dc21   99-059287
                                                          CIP

Impreso en Estados Unidos de América

SUMARIO

Acerca de los autores

Cindy Klingel fue maestra de escuela y profesora de Inglés en establecimientos de enseñanza secundaria. Actualmente es directora de programas de estudio en un distrito escolar de Minnesota. Escribir libros para niños es otra manera de compartir con ellos su pasión por la palabra escrita. Cindy Klingel hace frecuentes presentaciones en los departamentos de literatura infantil de las librerías. Le encanta estar con su familia, sus numerosos amigos y sus dos hijas.

Bob Noyed comenzó su carrera como periodista. Desde entonces ha trabajado catorce años en comunicaciones y relaciones públicas en un distrito escolar de Minnesota. Le encanta escribir libros para niños y piensa que constituyen un desafío distinto y le dan una sensación de realización personal mayor que cualquier otro proyecto literario. Es un ávido lector y le gustan la música, el teatro, viajar y estar con su mujer, su hijo y su hija.

En la escuela, la persona que conoces mejor, seguramente es tu maestra. Pero hay muchas otras cuyo trabajo contribuye al buen funcionamiento de la escuela. Pueden ser hombres o mujeres. Probablemente tú no sabes qué hacen. Te contaré algunas de las cosas que hace la directora de la escuela.

La directora está a cargo de la escuela. Ésa es una responsabilidad muy grande. Sus funciones consisten en trabajar con los alumnos, los padres, las maestras y las demás personas relacionadas con la escuela. Además, ella es quien toma las decisiones importantes relativas al buen funcionamiento de la escuela.

La directora es la responsable del funcionamiento de la escuela.

Cada mañana, cuando los alumnos llegan a la escuela, una de las personas que los reciben es la directora. A menudo está esperándolos en la entrada para saludarlos. Muchos estudiantes desean hacerle preguntas y otros quieren contarle algo que les sucedió.

A menudo, la directora comienza su jornada hablando con los estudiantes en el patio.

Es importante que los estudiantes obedezcan las reglas que rigen la escuela. La directora se encarga de recordárselas. También le gusta participar en las actividades que ellos llevan a cabo. A veces, la directora cuenta con un **consejo estudiantil**, cuya tarea consiste en proponer actividades divertidas e interesantes.

La directora asiste a las reuniones de los consejos de estudiantes.

Las maestras y el resto del personal dependen de la directora de la escuela para muchas cosas; como cuando necesitan información sobre algún asunto, o cuando la directora puede ayudarlos a tomar una decisión importante.

La directora trabaja frecuentemente con otros miembros de la comunidad, como los agentes de policía.

La directora suele ir a las aulas a ver qué están enseñando las maestras. Eso le permite entender mejor qué es lo que aprenden los alumnos, y le ayuda a mejorar su desempeño como directora.

Visitar las aulas es una tarea importante en la jornada de la directora.

La directora habla con los padres a menudo. A veces, un padre o madre la llama por teléfono para preguntarle algo, o para compartir con ella alguna **preocupación**. Durante el día, también hay padres y familias nuevas que la visitan en la escuela.

La directora se reúne a menudo con los padres de los estudiantes.

La directora también se reúne personalmente con los padres de los alumnos. Algunas veces hace reuniones formales con grupos de padres y maestros, generalmente por la noche. En ellas, la directora cuenta y explica todo lo que está sucediendo en la escuela. El día de la **recepción general**, cuando la escuela recibe a todo el mundo, ¡la directora conoce a muchos padres a la vez!

En el día de la recepción general de la escuela, los padres visitan a los profesores y a la directora

La directora está en contacto constante con el guardián de la escuela, para asegurarse de que el edificio está limpio, funciona bien, y en él se siguen correctamente las normas de seguridad.

La directora confía en muchas personas para el buen funcionamiento de la escuela.

La directora también tiene que trabajar en su oficina. En ella la esperan muchos documentos importantes, que tiene que leer y firmar. Generalmente se dedica a esas tareas antes que comience el día escolar, o después que todos se marcharon a casa. Además, tiene que asistir a reuniones **profesionales** con otros directores de escuelas.

Cuando termina el año escolar, la directora todavía tiene muchas cosas por delante. Una es escribir informes sobre el año que acaba de terminar. Otra es prepararse para el año escolar que comenzará el próximo otoño. ¡La directora de una escuela siempre tiene algo que hacer!

Los ordenadores ayudan a la directora a que se haga todo bien.

INFORMACIÓN ADICIONAL

Libros

Boraas, Tracey. *School Principals*. Mankato, Minn.: Capstone Press, 1999.

Thaler, Michael, and Jared Lee. *Principal from the Black Lagoon*. New York: Scholastic, 1993.

Direcciones en el Internet
American School Directory
http://www.asd.com/
Busca la dirección de Internet de tu escuela.

Ser directora es un trabajo importante.

GLOSARIO

consejo estudiantil (con-se-jo es-tu-dian-til) grupo de alumnos
que organiza actividades escolares y toma algunas decisiones
en la escuela

preocupación (pre-o-cu-pa-ción) inquietud acerca de algo

profesional (pro-fe-sio-nal) relacionado con una carrera o profesión

recepción general (re-cep-ción ge-ne-ral) acontecimiento durante
el cual los padres pueden visitar la escuela y hablar con las
maestras y la directora.

ÍNDICE